너와 여름, 나의 꿈

드리고 싶은 말

꽃이 지고 나서야 봄인 줄 알았다는데

우리는 늘 또다시 봄이 와도 봄임을 알지 못합니다.

지금 이 순간처럼 말이죠.

특별한 무언가가 있어야 봄이라고 생각하지만,

꽃이 피지 않아도, 날이 따뜻하지 않아도,

봄은 그 자체로 봄입니다.

그것을 깨닫는 데에는 타인과 예술과 종교가

도움을 주는 것은 사실이지만,

결국 그것들은 사소한 출발점에 불과하며,

완성을 할 수 있는 것은 다른 무엇도 아닌

바로 여러분 자신뿐입니다.

믿으셔도 좋습니다. 당신이 꽃이라는 것을.

가꾸세요! 여러분 자신을.

벌과 나비가 날아와 소망을 이루어 줄 것입니다.

자, 당신은 어떤 꽃이 되고 싶나요?

2024.09.25
가을이 들어오는 좋은 날에

너와 여름

너와 여름

너는 나를 떠나며

나에게 여름을 남겨두어

이런 여름이면

땀 맺히듯

없는 네가 자꾸 맺혀

여름은 매년 찾아오니까

너를 지운다는 것은

어쩌면 불가능한 일

북극에 가면 너를 지울 수 있나

그러기엔 얼어붙는 추위에도

오른손 흉터가 뜨겁게 타들어가네

왼손잡이라 다행이지

적어도 글을 쓸 땐 너 생각을 안 하니

집착

꽃은 아름다운데

뿌리는 복잡하고 못나 보이기까지 하네

뿌리 감싸는 땅속 더 깊이 파보니

쿰쿰한 냄새 나고

온갖 벌레들 기어다녀

파면 팔수록 불쾌한 것은 나

어차피 시간 지나면 시들어져버릴 꽃

괜히 땅까지 파가며 환상만 깨트리고

너한테 미움만 샀구나

OFF

지금 이 순간 태양의 스위치가 꺼진다면

3분간 너를 껴안고

5분간 너를 가만히 바라보고

남은 20초 동안 너를 보며 말할 거야

네가 없었다면 태양이 사라진다 한들

나는 하나도 슬프지 않았을 거야

화

꽃을 들고 말하니

너는 꽃을 보느라

내 말 듣지 못하네

듣지 못하는 너에게

제아무리 더 크고 아름다운

꽃 보여준다 한들

너는 꽃만을 바라볼 뿐

꽃을 잠시 내려놓고

너를 보고 말해야겠다

얼음

체온보다 높은 여름날에도

얼음 같은 너의 말은 녹지 않았네

금요일 밤

술집이 죽 늘어선 거리

알록달록 네온사인 불빛들은

밤하늘의 별을 감춰놓고, 술을 좀 마시면

별이 보일 것이라고 내게 거짓말했다

잔꾀에 속아넘어간 사람들이 보인다

그들은 즐거워 보이기도, 슬퍼 보이기도,

화가 나 보이기도 하네

어쩌면 그들도 술을 마신다고 해서

진짜 별이 보이리라 생각하지 않았겠지

인간은 그런 것이다

의미 없고 얄팍한 희망에

알면서도 몸을 내던지는

너

가지 않으면 없는 길

하지 않으면 없는 일

만나지 않았다면

그저 지나치는 사람

과거가 흐리게 번진 일기장처럼

지금 이 순간에도

누군가 나를 애타게 기다리고 있다

하나의 존재가 사라져 간다

나는 알면서도 그 존재를 지우는 게다

시간

시계를 붙잡으며 시간아 가지 말라 애원했다

초침은 그런 나를 비웃으며

한 치의 오차 없이 시간을 새겨나갔다

화가 난 나는 건전지를 빼버렸고,

그렇게 내 시간은 멈추고 말았다

세계의 시간은 계속 흘러가고 있는데

지금도

아!

시계는 너, 시간은 너의 마음

벤치

나와 그녀가 헤어지기 전

우리는 벤치에 앉아

각자 다른 것이 보이기라도 하듯

각자 다른 곳을 바라보고 있었다

흰 이불

습기를 머금은 바람이 내 뺨을 간지럽힌다

햇볕에 잘 말린 흰 이불에 얼굴을 파묻은 것 같다

그 옆에는 네가 있다

바람은 제멋대로 그날의 기억을 끄집어 냈다

한걸음 더

격한 사랑과 격한 싸움은

멀리서 보면 구분할 수 없다

누구나 잠든 모습 연약하고

태양빛 아래 영광스럽지 않은 이 없어

가까이 다가가야만

너인지 네가 아닌지 보인다

허상

세상이 발전함에 작은 화면으로

언제 어디서든 떠나간 사람을

사진으로 영상으로 보고 듣는데

어째서 더 슬픈 것일까

곁에 있는 것 같아서

떠나지 않은 것 같아서

착각에서 깨어나는 순간

배터리는 급격하게 닳아져

나를 방전 시키네

더 나아간 미래에

떠난 이를 실제와 똑같이 만든다고 한들

그것은 우리를 충전시킬 수 없어

거미줄

세월 맞은 유리창에

햇살 들어오니

잔뜩 쓸린 그의 상처들

여름날 구슬 매달아진

거미줄 같아

악몽

네가 내 눈앞에 있고

너는 내 손을 붙잡고서

천국으로 가는 동안에

한순간도 놓아주지 않았네

길에 난 억새도 춤을 추며

간지럽게 인사하고

이름 모를 들새도

축하한다고 노래하네

이 모든 게 꿈이었다니

추억

글씨가 못났더라도 구겨 넣지는 말아 주세요

바람이 불어와도 창문은 열어두세요

햇살이 따가와도 눈을 찌푸리지 말아요

세상에 이름 없는 꽃 없듯

사랑 아닌 추억도 없으니까요

비가 오면

새벽녘부터 비 내려

하루가 시작하고, 끝이 날 때까지

지친 기색 하나 없이 온종일 비가 내렸다

세상은 그런 비를 한 방울도 빠짐없이

몽땅 들이마신 탓에

너무 취해 흐려 보이기도 했다

짙어지고, 질퍽거려

우울에 젖어들게 하는가 하면

묵은 잡념을 시원하게 씻어내주기도 했다

그렇게 보이기까지

셀 수 없이 우울한 날들을 보내야만 했네

비가 온다고 우는 건 네가 아니라 나였다

수성

극단적인 그녀의 마음은

때론 너무 차가웠고

때론 너무 뜨거웠다

그녀에게 말했다

너무 가까워요

두 발자국만 떨어져 보세요

봐요, 이렇게나 아름다운걸요?

눈 바람

바람에 이끌려 공중을 떠돌다

지칠 대로 지쳐버린 눈은

자꾸만 집 창문을 두드렸다

문 좀 열어주세요

밖은 너무 추워

이제는 따뜻한 곳에서 편히 쉬고 싶어

나는 바람이 창문을 열도록

눈을 협박한 것을 알고 있었다

때문에 나는 눈의 아우성을

눈으로 보고만 있을 수밖에 없었다

너무나 고통스러운 일이었다

봄날

이제 갓 잉태한 생명이 밤이고 낮이고 기쁨의 춤추네

아름답다

아니 벌써 끝이 났단 말인가?

이리도 짧다니

나 꽃잎을 다 세지도 못했는데

너는 한 마디 말없이 떠나가 버렸네

대답은 누구에게 들어야 한단 말이오

소리 멎고 색 옅어져

나마저 시들어 떨고 있을 때

너는 나에게 또 다른 모습으로 다가오네

젖은 티셔츠

우산 없이 비 내리는 날에

괴로움에 젖어들건

고마움에 젖어들건

티셔츠는 몸에 착 달라붙어

나를 붙잡고 놓아주지 않았네

무색 인종

하루가 시작되는 밤

창백한 푸른빛 하나 둘 거리를 밝히고

색 없는 사람들이 저마다

한껏 겉치장을 하고서 어디론가 들어간다

한 손에는 허영을, 한 손에는 편리한 족쇄를 들고서

눈으로만 보이는 비좁은 세계 속 네모 상자에

척을 차곡차곡 쌓아간다

좋은 척, 행복한 척, 잘난 척

그들은 서로의 수집품을 평가하고, 시기한다

나는 퇴화하고 있다

우월한 무색 인종이 되기란 힘들구나

공

도무지 이해할 수 없어

왜 그랬던 거야?

왜 그런 거야?

너는 원래 그런 사람이라고?

우리는 다르기 때문이라고?

나는 너를 다 알고 있다고 생각했는데

너는 그렇지 않을 거라고 기대했는데

네가 그럴 줄은 몰랐어

그런 모습이 있을 줄은 몰랐어

뭐라고?

아

나도 마찬가지라고

향기

저기에서 다가와

여기에서 멈추어 잠시 머물렀다

어디에서 불어왔는지 알 수 없었다

두리번 거려보았지만

이미 도망가고 없었다

세상에서 사라지지만 않는다면

긴 시간 여행을 하다

언젠기 다시 만나겠지

여기에서 나 기다리고 있으니

한여름 밤의 꿈

냉장고에 머리를 집어넣어도

도통 더위가 가시질 않네

얼마나 더운가

매미는 나무를 부여잡고 몸까지 떨어가며 맴맴

거리에 사람들은 저마다 얼굴에 짜증이 한가득

그럼에도 누구 하나 덥다고

다른 이에게 화내는 이 없네

저 얄미운 태양도 지나고 보면 참 고마워라

누구에게나 가슴속 깊은 곳에

한여름 밤의 꿈 있으니

지하철

노인은 금 시계를 차고

코에 돋보기 비스듬히 걸 터 앉히고서

자신의 미래가 만족스러운가 확인하네

가시지 않은 여름에

시원한 땅속 밑 여행길에

에스컬레이터

가만히 서 있어도

우리의 길은 엇갈리네

그런 너를 보고만 있었네

벚꽃

밤에도 낮에도 거리에

꽃내음 진득이 깔리고

이제 막 걸음마 뗀 벌레들은

아장아장 어설픈 비행을 한다

아스팔트 이에 낀 연분홍빛 보석들 보고 있으면

나도 몰래 바지 주머니에 차곡차곡 주워 담아

누구 주려고 이리 열심히 주워 담았을까

잠깐 머물다 가는 아름다움이 미워 주워 담았네

얼마 못 가 시들 줄 알면서도

욕망

바다 위 떠다니는 노란 옥구슬에 홀려

조그만 유리병에 바다 담아 넣었네

집으로 데려와 사랑을 말해 주었지만

갇혀있어 듣지 못하는 그를 위해

유리병에서 꺼내 양동이에 펼쳐주니

옥구슬 흐르던 아름다운 바다의 모습은 사라지고

난데없이 썩은 비린내가 나더라

자고 일어나 그를 다시 보내주려 했지만

해 뜬 아침에 그는 흔적도 없이 사라지고 없었네

또다시

하루살이 날고

잡초 무성한 곳에

강아지 누워자고

나무 옆엔 네가 서 있어

불어오는 바람

차별 없이 모두를 스쳐간다

어떤 것은 고작 하루를 살고

어떤 것은 영원을 살아가는구나

다음에도 나무 옆에 서 있는 게

너였음 좋겠다

찌질

비겁하게도 나는 그늘진 곳에서

눈부신 햇살의 아름다움을 바라보았다

산 새

깊은 밤 산속에서

산새 울음소리 울려 퍼지네

울음소리에 이끌려

밤새 산새 찾아 나섰지만

다가가면 울음소리 멈추고

저 멀리 울음소리 도망가

도저히 그 산새를 찾을 수 없었다

따라갈수록 깊은 산속에 길만 잃어버려

그저 산새의 농간에 놀아났을 뿐이구나

마음속 이곳저곳 헤집는

너를 만날 수 없는 것처럼

장마

내 눈물 그치니

내 마음 전보다 뜨거워져

이윽고 그녀 눈물 그치니

그녀의 마음

얼음과 같이 차가워져

봄과 가을 사이

그 해 여름에

우리는 헤어졌네

가을 준비

여름 간다는데

난 여태

무거운 옷 입을 준비가 안됐네

날이 차져도 따뜻한 집 있으니

무거운 옷 입지 않아도

십에민 있다면 별문제는 없어

하지만 나는 알고 있어

내가 원하는 것, 새로운 것은

따뜻한 집안이 아니라

차디찬 바깥세상에 있다는 것을

끝 여름

밤이 시원해지니

이 더위 즐길 날 얼마 남지 않았구나

정말이지 무더운 여름이었지

생명이 춤을 추고 색체가 세상 뒤덮으니

내 안에 열정 살아 숨 쉼을 느껴

아직 가지 않은 여름이여

우리 첫 만남은 달갑지 않았지만

땀 흘리는 날이면 그대를 생각하겠소

첫 눈

하늘에서 눈이 내려

올해 첫눈이구나

너에게 하려던 말

망설여져 못한 말

그 위에 조금씩 눈이 쌓이기 시작하고

단어들은 하나 둘 새하얗게 뒤덮여

꽁꽁 얼어붙은 말은 조금도 앞으로 가지 못해

너에게 말을 못 하지 싶다

적어도 봄이 오기 전까지는

설산

헐벗은 그녀 모습

너무도 아름다움에

머릿속 새하얗게 뒤덮였네

어느 때보다 연약하고

어느 것보다 순수하구나

그런 그녀 더럽히기 싫어

한걸음 한걸음 조심스레 발 내디뎌

그러나 발자국을 안 남길 수는 없었네

우연

우연이었다

모든 것이 우연이었다

이 푸른 별에 태어난 것도

스무 살 무렵에 너를 만난 것도

그들은 우연으로 시작되어

필연적으로 끝이 날 운명이었다

우연으로 시작되어

필연적으로 끝이 날 운명이라면

우연으로 다시 한번

너를 볼 수 있기를

사랑

나, 내게 보이는 모든 세상을 사랑하리라

나, 내게 들려오는 모든 소리를 사랑하리라

나, 내게 느껴지는 모든 감정을 사랑하리라

나, 내게 풍겨오는 모든 향기를 사랑하리라

나, 내게 만져지는 모든 것들을 사랑하리라

그대, 어디서 어떤 모습으로 나에게 다가올지 모르니

그리고 나,

입으로 소리 내어 그대에게 사랑을 속삭이리라

나의 꿈

나의 꿈

24살 미켈란젤로는 희고 찬 돌덩이로부터

성모 마리아와 예수를 꺼냈다

그에 비하면 24살의 나는 나 스스로 조차 꺼내지 못했다

밤에 눈을 감으면 부끄러운 내 모습이 보여

눈을 뜬 채로 잠을 자야만 했다

이날 이때까지 나는 무얼 이루려고 지금까지 살았나

나의 꿈인가, 너의 꿈인가

나 이제부터는 나의 꿈을 위해 살기로

거울 속 검은 내 눈동자에 다짐을 깊이 새겨 넣는다

이 삶은 신에게 바치는 것이니

감히 인간의 시선으로 평가하지 말라

암순응

갑작스럽게 칠흑 같은 어둠이 눈앞을 가린다면

눈을 감아라

눈을 감아 더욱더 깊은 어둠으로 스스로 들어가라

당황하고 불안한 마음에 섣불리 발을 움직인다면

작은 돌멩이에도 발이 걸려 넘어지게 되고

낙엽 굴러가는 소리에도 겁을 먹게 마련이다

이내 몸은 차갑게 굳기 시작하고

마음속에는 공포의 소용돌이가 휘몰아쳐

너를 집어삼킨다

눈을 감고 너의 사고와 시야가

어둠에 적응하기를 차분하게 기다려야 한다

제아무리 깊은 어둠이라도 형체는 있기 마련이다

그 형체는 대게 알고 보면 별것 아니다

별

너도 누군가의 길이 될 수 있다

너도 누군가의 빛이 될 수 있다

머리 위 반짝이는 별들이 내게 말했다

샤워

일정한 대열을 맞춰 물줄기가 쏟아져 나오는데

그중 하나가 규칙을 어기고 미지의 세계로 쳐 나간다

어디 가는 거야?

규칙을 잘 지키고 있는 물줄기가 말했다

분명히 다른 길에는 다른 세계가 있을 거야!

대열을 벗어난 물줄기가 말했다

비록 화장실 거울에 매달려 있을지라도

그는 성공했다

나방

아파트 입구에 들어서자

나를 반겨준 것은

센서 등에 정신없이 달려드는 그뿐이었다

그는 동심원을 그리며

광원을 향해 맴돌아 들어간다

뚝

센서 등이 꺼졌다

5초도 채 되지 않는 짧은 만남이 끝나고

그는 몸을 웅크리고 또다시 기다린다

불빛을 켜줄 누군가를

허깨비

옥상에서 내려다본다

욕심쟁이를 내려다본다

게으른 자를 내려다본다

사기꾼을 내려다본다

배신자를 내려다본다

위선자를 내려다본다

허깨비를 내려다본다

허깨비가 내려다본다

운전

때로는 최고 속도로 달리기도 하고

때로는 브레이크를 밟아 멈춰야 할 때도 있었지

연료가 부족하면 연료를 채우고

피곤하면 잠시 쉬어가기도 했지

큰 사고가 나면 고쳐주기도 하고

작은 사고는 크게 신경 쓰지 않고 나아갔지

목적지가 어딘지는 몰랐지만

어느새 나는 목적지에 도착해 있었지

다음 여행 때는 꼭

찬찬히 바깥 풍경을 보며 와야지

달빛

해가 짧아진 덕에 나는 길어진 밤에

마음 놓고 실컷 방황을 했다네

아무것도 보이지 않는 어둠 속에서는

길을 잃어버릴 일이 없구나

달빛이 내게 한줄기 빛을 내리며 말해

그대 칠흑 같은 어둠 속에서 올바른 길을 가시오

그대 곁에는 항상 내가 있으니

어른

뛰어다니지 말라고 해도

아이들은 뛰어다니는구나

순수한 저 아이들처럼

마음껏 뛰어다니고 싶다

그러기엔 입은 옷이 너무 불편해

분리

번쩍이는 섬광이 순간적으로 목을 쳐

몸과 머리가 분리되었다

고통도, 상처도, 흔적도 없이 말끔하다

피 한 방울 나지 않고 두 개로 나누어졌다

태초부터 분리되어 있는 각각의 것처럼

몸은 머리를 남겨두고 걷기 시작했다

머리는 그런 몸을 붙잡지 않았다

오래전부터 떨어져 지내고 싶었다는 듯

몸은 아랑곳하지 않고 계속해서 나아갔다

그래 가버려라 두 번 다시 돌아오지 말아라

가슴에만 이끌려 살아간들

네가 얼마나 살아갈 수 있겠냐

머리가 말했다

그러나 몸은 귀가 없기에

머리의 말을 들을 수 없었다

머리의 시야에서 몸이 사라지자

머리는 슬픔과 두려움이 찾아왔다

그래 내가 잘못했다구

지금이라도 다시 돌아와

우리는 서로가 없이 살아갈 수 없어

너도 알고 있잖아?

나 더 이상 너를 미워하지 않을게 약속해

순간 머리는 위로 들어올려져

다시금 몸과 하나가 되었다

몸은 머리의 뒤에 서서

모든 소리를 듣고 있었다

귀가 아닌 가슴으로

가을

우울한 마음마저 메마르게 하는 그대 이름은

가을이구나

그대는 지난여름밤의 흔적을

구름 한점에도 남기지 않았구나

울먹이는 나에게 그대가 말하기 시작하네

땅만을 보고 있으니 내가 모든 것을

시들게만 한다고 생각하지 않소

고개를 들어 높은 곳을 보시오

고개를 들자 빨간 꽃, 노란 꽃 무수히 펼쳐지고

더 높은 곳에는 푸른 하늘 무한히

등산

그대 누구든 산을 오르시오

이미 누군가는 오르고 있소

누군가는 입구에서 망설이고 있소

누군가는 초입의 계곡에서만 놀고 있소

나는 정상을 향해 가봐야겠소

어떤 산이든, 어떤 정상이든

내 두 눈으로 직접 봐야겠소

기분이 어떤지 직접 느껴봐야겠소

그대 나를 믿고 나와 함께 산을 오르시오

가면서 우리 할 이야기가 많을 것 같으니

틈

창문 틈새로 무언가 공포스러운 소리와 함께

방 안으로 들어오고 있다

어떤 존재가 들어오려고 한다

나는 두려웠다

나에게 무언의 메시지를 보내고 있다

내 잠을 방해하면서까지

그대 내게 어떤 말을 하려 하는가

그러자 그가 말한다

나는 그저 바람이오

아무리 비좁은 길이라도 지나갈 뿐이오

두려운 건 내가 아니라 자네 자신이겠지

간밤에 무슨 잘못이라도 하셨소?

독재자

시간이라는 독재자가 세계를 지배한다

뒤로 돌아갈 수도 없고

앞으로 나아가라고 억지로 등 떠민다

그러나 그는 누구에게나 공평하다

거울

그 어떤 대단한 거울도

흐르는 강물 위 수면보다야

나의 모습을 정확하게 비출 수 없구나

강물에 만물의 모습 담겨 있으니

목을 축이러 온 사슴의 모습

바람에 흔들리는 나무의 모습

구름이 흐르는 하늘의 모습

피를 씻으러 온 적인의 모습

그 모습들 전부 하나로 모여들어

바다로 흘러 들어가네

깨달음

모든 것을 얻어버린다면

모든 것의 의미가 사라진다

이루기 어렵고 가지기 힘들기에

우리의 가슴은 뜨거워지네

언제든 누구나 우리 곁을 떠날 수 있기에

그들의 소중함을 느끼고

삶은 유한하기에

오만하지 않을 수 있었네

결국 이 모든 것이 끊임없는

순환이라는 것을 알아차렸을 때

나는 세상을 향해 소리쳤다

나는 깨달았다

잠 못 드는 밤

자그마한 종이에

부끄러운 나의 비밀 적어

작게 접었다

더 작게 접었다

더 작게 접었다

손톱만 한 크기가 되었을 때

나도 모르는 곳에

접은 종이를 숨겨 넣었다

잠에 드려 하는데

숨긴 곳이 자꾸 떠올라

비밀이 나를 괴롭혔다

누가 발견하면 어떡하나

나는 잠에 들 수 없었다

구름

구름이 아무리 복잡한 모습으로 흐른다고 한들

어찌 그것을 보고 아름답지 않다고 할 수 있으리

우리의 마음도 똑같다

영원히 풀리지 않을 것 같은 마음도

푸른 하늘이 감싸고

따뜻한 태양이 안아주고

시원한 바람이 이끌어주네

밤이 찾아와도 낙담할 필요 없었지

달빛이 어둠을 걷어내주니

천장의 별들과 즐겁게 춤을 추었소

문화동

내가 사는 동네 골목길 주택 담벼락에는

여러 시가 쓰여있다

푸시킨, 조지프 브로드스키,

장영현, 송유화, 헤르만 헤세

저마다 이름도, 나이도, 나라도 다른데

하나같이 내 마음을 울리는구나

그들 모두가

우리 모두가

시인이구나

바다

슬픔을 느끼는 것은

바다가 넓어지는 것이라

고통을 느끼는 것은

바다가 깊어지는 것이라

넓어지지 않고

깊어지지 않는다면

무엇을 품을 수 있으랴

기쁨은 해님

희망은 달님

밤이고 낮이고

바다를 어루만져 주네

한낱 인간

나도 한낱 인간일 뿐이야

나도 안 좋은 생각을 해

나도 힘든 일이 있어

나도 이따금 두려움을 느껴

너만 그런 것도 아니고

나만 그런 것도 아니야

네가 소중하다는 건

네가 대단하다는 건

네가 무엇이든 될 수 있다는 건

누가 알아줘야 하는 게 아니야

스스로가 알아야 하는 거야

너도 한낱 인간일 뿐이야

배경

배경이 어떤 색인 가는 중요하지 않아요

새하얀 백지라면 검은색 펜으로 글자를 새겨요

캄캄한 어둠이라면 흰색 펜으로 글자를 새겨요

사람들이 올 거에요

당신의 아름다운 삶을 보려고 말이에요

그럼 우리는 더 행복한 마음으로

삶이 달아 오르겠죠

시야

눈으로 세상을 볼 땐

현재만 보이고

생각으로 세상을 볼 땐

과거와 미래만 보였지

마음으로 세상을 보니

모든 게 하나로 보이네

나의 영웅

아직 그림자가 덜 가신

머리를 붙들고

비고 바람이고 헤쳐

영웅을 뵈러 갔네

명예로운 그의 역사는

불과 7자리 숫자에 지나지 않았네

그는 한 마디 말없이

내가 기억 못 할 영웅들과

차가운 돌덩이 안에서

편히 쉬고 계셨네

취기

잠 한켠 내려둔 걱정에

이룰 수 없는 꿈 일어 슬프고

춤추는 현실 넘볼 수 없는 악몽

일어나 기쁨에 취하네

의자

고소한 커피향 가득 메운 커피숍에

나무의자 혼자 앉아있네

의자야 가지들은 어디에 두고

너만 이렇게 홀로 앉아있니

아직은 어려서 숲속에 두고 왔지

봄이면 벌이랑 나비 불러 춤추고

여름이면 매미랑 개구리 불러 노래하고

가을이면 구름 갠 하늘에 함께 그림 그리고

겨울이면 꼬까옷 벗겨 앙상하게 만들었지

그래서 나만 이렇게 여기 홀로 앉아있지

한 편의 시가 되어

유리창

유리창으로 도시의 밤을 내려다보니

유리창에 비친 내 모습 안으로

자동차, 사람들 지나다니고

가로수 서 있고 달 떠있는데

어째 흐릿하고 겹쳐 보이는

내 모습이 더 나 다워라

그림자

내가 손을 들자

그도 손을 들어주었다

내가 춤을 추자

그도 덩달아 춤을 추었다

내가 기분이 우울해져

가로등 불빛 아래 강물을 내려다볼 때면

그는 감쪽같이 몸을 숨겼다

뒤를 돌아보니

한참 동안 나를 기다린 그가 내게 말했다

춤을 추자!

태양빛 아래서!

달빛 아래서!

우리는 환상의 파트너야

양자역학

그 시절

하이젠베르크

슈뢰딩거

닐스 보어

아인슈타인

첨예한 대립

그 자체가 양자역학

맞고 틀린 건 없네

눈앞에 고양이는

햇살 쬐며 자고 있네

저기요

왜 그리 울상이오

생각 그까짓 게 뭐라고

마음 그까짓 게 뭐라고

이렇게나 아름다운

이렇게나 멋진

그대가 고작 그런 것 때문에

힘들어하시나

그까짓 것 다 용서해 줍시다

그까짓 것 다 이해해 줍시다

그까짓 것 다 사랑해 줍시다

우울한 밤

스탠드 조명 아래서 책을 읽는데

충격적인 내용이 나를 그 페이지에 가두네

도저히 거기서 벗어날 수 없을 것만 같아

책을 그만 읽으려고 했는데

물 한잔 마시고 뒷장을 넘겨보니

재미있고 좋은 이야기가 가득해

단숨에 결말까지 읽어버렸네

그저 한 페이지에 연연했던

내 모습이 제법 우스꽝스럽네

그저 한 페이지 일뿐이었는데

더위

땀을 지독하게 흘려도

태평하게 걸으니

몸에 차가운 이슬 맺히고

시원한 태양 나를 청량하게 해주네

올라탄 버스 안에는 아무도 없으니

나만의 행복에 나 어쩔 줄 몰라

노을 지는 숲

노을을 바라보는 숲은

노을이 미운가 서글픈 표정을 하고 있어

바람이 그런 나무 위로한다고 살랑살랑

아쉬워하는 숲의 모습

하루 중 가장 아름다워

한량

산자락 정자에 대자로 누워

풀벌레 연주 소리 들으니

모차르트 부럽지 않고

나뭇잎 사이에 수줍게 숨은 달

반 고흐 부럽지 않아

살랑이는 바람은

어느 시보다 서글퍼라

지하철 2

스크린도어 열려

새로운 인연이 흘러들어와

출발하면 창에 매달린 물방울

과거로 떠밀려 가는데

멈춰 서도 안에 사람들

사랑에 떨림

보름달

같이 추억하자 저 구름을

같이 추억하자 그날의 사랑을

추억이 새겨진 구름에

슬픈 여인의 초상이 빛나네

아, 아름다와라

꿈

안개인가 구름인가 몰라도

현실인가 꿈인가 몰라도

춤을 추니 현실

괴로워하니 꿈

길

길었던 터널도 돌아보면 짧고

가려진 역경도 비추어보면

시들지 않도록 내리는 비

누가 알려준 길은 누군가의 길

내가 걷는 나의 길

아이

나는 너를 보고 있어

누군가 말하던 못난 네 모습

나에게는 보이지가 않아

내 눈앞에는 그저

상처 많은 순수한 어린아이

너 잘못이 아니야

너 잘못이 아니야

너 잘못이 아니야

이제 너를 용서해 줘

생각은 자유

A 행성은 수백억 광년 떨어져 있다

빛이 가는 데는 수백억 광년이 걸린다

인간의 상상으론 10분도 채 걸리지 않는다

영원한 공

나 너 원하나

입으로 소리 내 오

영원한 하나의 재로

돌고 돌아 제로

삶은 달걀 위에 새겨진

글자처럼 복잡해도

알고 보면 간단해라

자 깨고 나오라 !

∞

세상에 무한한 것은 단 두 가지

우주, 그리고 당신의 잠재력